DESVENDE MEU ESTILO

MINHA VIDA FASHION EM RABISCOS

DOM & INK

BelasLetras

SOBRE O AUTOR

E aí, garota!

Dom&Ink (também conhecido como Dominic Evans) é ilustrador e fã de dinossauros. Mora em Manchester, Inglaterra, curte programas de TV de péssima qualidade e adora jeans skinny, camisas havaianas e revistas em quadrinhos. Seu primeiro livro, DESVENDE MEU CORAÇÃO, é um diário interativo sobre relacionamentos e já está nas livrarias!

 @dom_and_ink

 @domandink

Copyright © by Dominic Evans (Dom & Ink), 2016

Todos os direitos reservados

Nenhuma parte deste livro pode ser reproduzida, nem transmitida, de nenhuma forma, eletrônica ou mecânica, nem arquivada ou disponibilizada através de sistemas de informação, sem a permissão por escrito dos editores

Editor
Gustavo Guertler

Coordenação editorial
Fernanda Fedrizzi

Tradução
Candice Soldatelli

Revisão
Mônica Ballejo Canto e Germano Weirich

Adaptação de Ilustrações
Lucas Aguiar B.

Projeto gráfico e adaptação da capa
Celso Orlandin Jr.

Dados Internacionais de Catalogação na Fonte (CIP)
Biblioteca Pública Municipal Dr. Demetrio Niederauer
Caxias do Sul, RS

D666   Dom & Ink
          Desvende meu estilo / Dominic Evans; tradução
        Candice Soldatelli. Caxias do Sul, RS : Belas-Letras, 2016.
          144 p., 21cm

        ISBN 978-85-8174-232-8

        1. Literatura inglesa. 2. Livros ilustrados. I. Título.
        II Soldatelli, Candice.

15/32   CDU 820

Catalogação elaborada por Cássio Felipe Immig, CRB-10/1852

Grafia atualizada segundo o Acordo
Ortográfico da Língua Portuguesa
de 1990, que entrou em vigor no
Brasil em 2009.

IMPRESSO NO BRASIL

[2016]
Todos os direitos desta edição reservados
EDITORA BELAS-LETRAS LTDA.
Rua Coronel Camisão, 167
CEP: 95020-420 / Caxias do Sul / RS
Fone: (54) 3025.3888 / www.belasletras.com.br

SUMÁRIO

MOSTRE SEU ESTILO

CRIE, INSPIRE E COMPARTILHE SEUS LOOKS!
PODEM SER SEUS SAPATOS NOVOS, UM NOVO CORTE DE CABELO OU ALGO AINDA EM DESENVOLVIMENTO NESTE LIVRO...
QUERO VER! TIPO, AGORA!

MARQUE SUAS FOTOS NO INSTAGRAM USANDO A HASHTAG #DESVENDEMEUESTILO

INTRODUÇÃO

ESTE LIVRO NÃO VEM ACOMPANHADO DE UMA FADA-MADRINHA, MAS EU SOU TÃO BOM QUANTO ELA... POR QUE OUVIR CONSELHOS DE UM CARA DE CABELO ESTRANHO, JEANS SKINNY JUSTOS DEMAIS E CERTA OBSESSÃO POR CAMISAS FLORAIS? PORQUE EU TRABALHEI 10 ANOS NA INDÚSTRIA DA MODA DANDO DICAS DE ESTILO ARRASADORAS! ENTRE NO MEU PROVADOR PARECENDO UMA OGRA E VOCÊ VAI SAIR DE LÁ COMO A KATE MIDDLETON. EMBORA EU NÃO POSSA LHE DAR UM LINDO VESTIDO PARA IR AO BAILE, VOU FAZER COM QUE VOCÊ ABRACE O SEU ESTILO E O SEU CORPO. MAS HÁ UMA ÚNICA REGRA: NÃO TENHA CUIDADOS EXCESSIVOS COM ESTE LIVRO, QUERO QUE VOCÊ RASGUE, RABISQUE, PINTE, RASCUNHE E CRIE SEUS PRÓPRIOS LOOKS.

ENTÃO, CINDERELA, PRONTA PARA O BAILE?

AGORA TENHO BARBA RALINHA. (ATÉ QUE FICOU SEXY)

COLE AQUI SUA FOTO MAIS ESPETACULAR:

TÃO. TOTALMENTE. SEXY!

ESTAÇÃO DA INSPIRAÇÃO

ANTES DE MAIS NADA, QUERO CONHECER VOCÊ. NÃO ME OLHE ASSIM, VAI SER BEM DIVERTIDO. PRECISO SABER O QUE VOCÊ ADORA E O QUE LHE TRAZ INSPIRAÇÃO. VOCÊ PODE DESENHAR, PINTAR E ESCREVER NESSAS PÁGINAS... MAS NADA QUE ME DEIXE ENTEDIADO, OK?

OS TRÊS MELHORES HITS PARA DANÇAR SENSUALMENTE

1.
2.
3.

FAÇA UMA LISTA DE BLOGS OU SITES QUE VOCÊ SEGUE EM BUSCA DE DICAS SOBRE MODA:

SEU LIVRO FAVORITO (VAMPIROS ADOLESCENTES ESTÃO PROIBIDOS)

O MELHOR CONSELHO SOBRE MODA QUE JÁ RECEBEU

A CENA FAVORITA DO SEU FILME FAVORITO. SIM, PODE SER DE UM FILME COM RYAN GOSLING.

UM ARTISTA, FOTÓGRAFO OU ESCRITOR QUE FAZ VOCÊ PENSAR DE UM JEITO DIFERENTE:

SUA COR FAVORITA:

HUM... FIQUEI DE FORA?

11

AGORA DESENHE OU COLE UMA FOTO DE COMO VOCÊ FICA NA MANHÃ SEGUINTE:

IHHH, TÁ ACABADINHA.

O QUE FOI QUE ELA DISSE?!

ESCREVA ABAIXO O QUE SUAS AMIGAS DIZEM SOBRE O SEU ESTILO. ELAS TÊM QUE SER SINCERAS. POR EXEMPLO, ELAS GOSTARAM MESMO DAQUELAS BOTINHAS DE CAUBÓI QUE VOCÊ COMPROU SEMANA PASSADA? NÃNÃNINÃNÃO, ACHO QUE NÃO...

SUA MELHOR AMIGA, QUE É COMO UMA IRMÃ PRA VOCÊ:

A OUTRA AMIGA QUE SAI PRA BEBER COM VOCÊ:

AQUELA VELHINHA QUERIDA QUE FICOU SUA AMIGA NO ÔNIBUS:

LEONORA, DO ESCRITÓRIO. ELA NÃO VAI MUITO COM SUA CARA:

AGORA, ISSO VAI SER COMPLICADO...
PERGUNTE A SUA MÃE O QUE ELA PENSA
SOBRE SEU VISUAL. QUERO DIZER, ELA
VAI SER SINCERA, NÃO É?

UOU! ELA NÃO MEDE AS PALAVRAS!

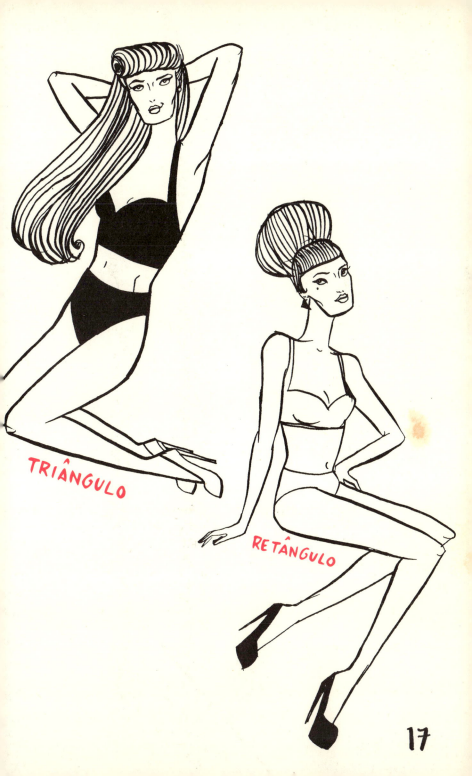

AGORA DESENHE O FORMATO DO SEU PRÓPRIO CORPO DENTRO DESTE CORAÇÃO!

SEU CORPO É LINDO.
E SE ALGUÉM TEM ALGUM PROBLEMA COM ELE, VAI TER QUE SE VER COMIGO!

ESCREVA TODAS AS COISAS
QUE VOCÊ GOSTA EM SEU CORPO,
E TAMBÉM TODAS AS COISAS QUE
VOCÊ MUDARIA NELE...

MANTER   MUDAR

PODE PARAR AQUI, JÁ CHEGA!
VOCÊ É PERFEITA DO JEITO
QUE VOCÊ É!

O ESTILO QUE ATRAI

EM CADA CÍRCULO, DESENHE, COLE A FOTO OU ESCREVA O NOME DA CELEBRIDADE CUJO ESTILO VOCÊ MAIS ADMIRA.

A IT GIRL   A SUBCELEBRIDADE

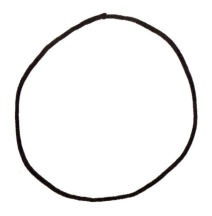

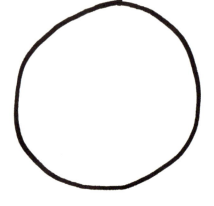

A PRIMEIRA--DAMA   A TOP MODEL

A ESTRELA DE
REALITY SHOW

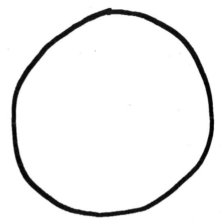

A BLOGUEIRA
DE MODA

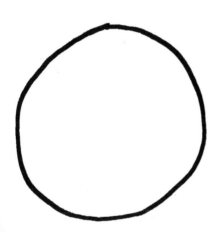

A ESTRELA
DE CINEMA

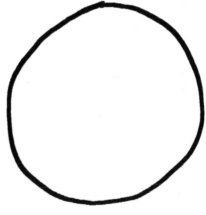

LADY GAGA COM O
VESTIDO DE CARNE
CRUA

O CICLO DE UMA TENDÊNCIA

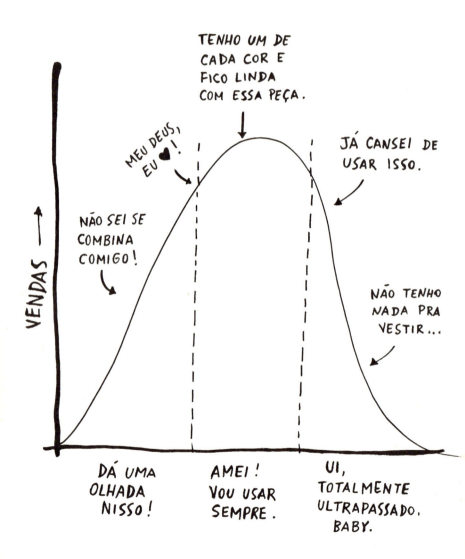

LEMBRA AQUELE MACACÃO COM GOLA DE PELE QUE VOCÊ COMPROU SEMANA PASSADA? CRIE UM GRÁFICO DE TENDÊNCIA PARA ELE E ACRESCENTE SUAS OBSERVAÇÕES:

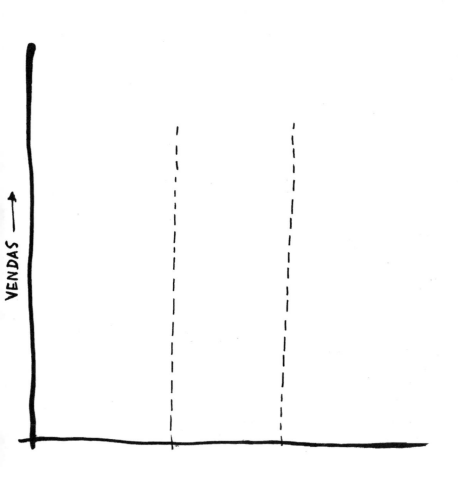

DÉJÀ-VU

LEMBRA AQUELE SUÉTER DE LÃ QUE SUA VÓ TRICOTOU? AQUELE BEM ESQUISITÃO? DESENHE UMA NOVA PADRONAGEM PARA ELE:

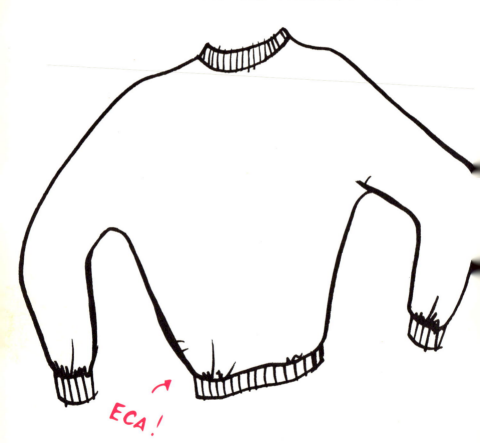

VOCÊ SABIA QUE TRICÔ ESTÁ NA MODA DE NOVO? DESENHE UM NOVO JACQUARD PARA SEU NOVO SUÉTER QUE É MUITO PARECIDO COM AQUELE QUE VOCÊ ODIAVA QUANDO TINHA 12 ANOS. MAS NÃO SE ESQUEÇA DE ACRESCENTAR LHAMAS E OUTROS BICHINHOS.
EU GOSTO DE LHAMAS.

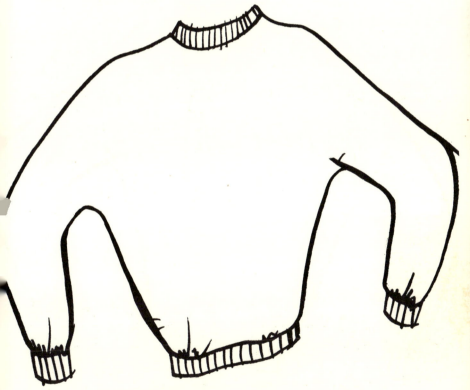

UAU! VOCÊ SABE TUDO SOBRE TENDÊNCIAS, DARLING!

COLORIR

O ESTILO TEM A VER COM O OLHAR

NÃO TEM A VER APENAS COM PARECER BEM MAS COM SENTIR-SE BEM.

ESCREVA UMA FRASE INSPIRADORA. RECORTE E COLE NO ESPELHO. REPITA PARA SI MESMA CINCO VEZES POR DIA. ENTÃO REPITA NOVAMENTE ÀS TRÊS DA MANHÃ, DEPOIS DE EXAGERAR NA BEBIDA E FAZER FIASCO NO KARAOKÊ.

RECORTAR

HORA DE FAZER UM SELFIE

TIRE UM SELFIE COM SEU MELHOR BIQUINHO. LEMBRE-SE DE QUE QUANTO MAIS ALTO O ENQUADRAMENTO, MAIS BONITAS FICAM AS MAÇÃS DO ROSTO!

POSTE NO INSTAGRAM COM A HASHTAG #DESVENDEMEUESTILO

COCO CHANEL
(18 DE AGOSTO DE 1883 – 10 DE JANEIRO DE 1971)

GABRIELLE BONHEUR CHANEL FOI A FUNDADORA DA MARCA CHANEL. ELA FICOU CONHECIDA POR DESENHAR ROUPAS QUE NÃO SEGUIAM AS LINHAS EM FORMATO DE CORSELETE. CRIOU O VESTIDINHO PRETO E O TERNINHO CHANEL, ALÉM DE UM DOS PERFUMES MAIS FAMOSOS DO MUNDO, O CHANEL Nº 5.

O PIOR

DESENHE NA CABEÇA DESTA TOP MODEL DESLUMBRANTE O PIOR CORTE DE CABELO QUE VOCÊ JÁ TEVE NA VIDA.

OPS, ELA NÃO GOSTOU MUITO!

O MELHOR

Desenhe o melhor corte de cabelo que você já teve nesta top model deslumbrante.

Ela ficou fabulosa.

SOBRANCELHA HORRÍVEL

Odeio ter que lhe dizer que é urgente dar um jeito nas suas sobrancelhas. Desenhe um pouco mais de pelos para que elas fiquem parecidas com lagartas famintas:

Essas sobrancelhas ficaram perfeitas!

SOBRANCELHA BONITA

CRIE DIFERENTES DESIGNS PARA QUE AS SOBRANCELHAS COMBINEM COM SEUS OLHOS E DIGAM "ME SEDUZA":

DÊ UMA GERAL NO SEU ESTILO

SE VOCÊ NÃO SOFRIA DE COMPULSÃO POR COMPRAS ANTES, VAI SOFRER AGORA. ESCREVA EM CADA QUADRO AS MELHORES LOJAS PARA COMPRAR O ITEM ESPECÍFICO E EXPLIQUE POR QUÊ. SABE AQUELE JEANS QUE DEIXA SUAS PERNAS PARECIDAS COM AS DA KATE MOSS? ONDE COMPROU E QUANTO PAGOU?!

JEANS:

BIJUTERIA:

VESTIDOS:

ROUPAS PARA O TRABALHO:

MODELADORES:

TRICÔ:

CHAPÉUS:

SAPATOS:

APLIQUES DE CABELO BEM BREGAS:

MARIA ANTONIETA, RAINHA DA FRANÇA, ERA CONHECIDA POR SEUS PENTEADOS ALTOS E ELABORADOS, CHEIOS DE JOIAS E ACESSÓRIOS, ESTILO BATIZADO DE "COCÓ". ACRESCENTE COR E DÊ CONTINUIDADE AO PADRÃO DESSE ÍCONE DA MODA COM AS FATIAS DE BOLO. DEPOIS, VÁ COMER BOLO VOCÊ TAMBÉM.

1. CAMISETA BRANCA

NÃO TEM MUITA CERTEZA SOBRE O QUE USAR COM AQUELES SHORTS ESTAMPADOS? OLÁ, CAMISETA BRANCA! OU QUE PEÇA VESTIR COM AQUELA SAIA DE ESTAMPA TRIBAL NA ALTURA DO JOELHO PARA IR A UM SHOW? AH, OLÁ, NOVAMENTE, CAMISETA BRANCA! ESSA CAMISETA VAI SALVAR O DIA EM QUALQUER CRISE FASHION. PODE COMPRAR UMA CAMISETA OVERSIZED, DOBRAR AS MANGAS, OPTAR POR UMA PEÇA MAIS JUSTINHA OU NO ESTILO CROPPED. NÃO PRECISA SER NECESSARIAMENTE BRANCA, NA VERDADE, VALE QUALQUER COR MENOS BEGE. NÃO GOSTO DE BEGE.

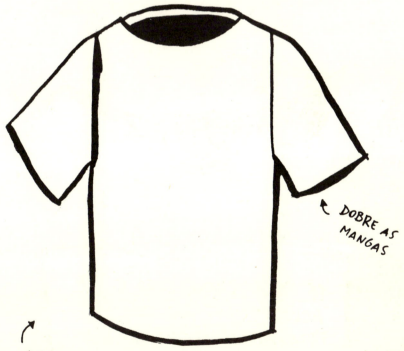

DOBRE AS MANGAS

DESENHE UM COLAR STATEMENT QUE COMBINARIA PERFEITAMENTE COM SUA CAMISETA BRANCA.

2. JAQUETA STATEMENT

Jaquetas statement acrescentam ousadia a qualquer visual. Minha escolha pessoal é a jaqueta perfecto, que pode combinar com jeans e suéter ou com um vestido. Se você erguer a gola, acrescente pontos de estilo como "fale mais sobre isso, baby".

SUA JAQUETA STATEMENT NÃO PRECISA SER UMA PERFECTO. PODE SER UM BLAZER BOYFRIEND, UM CASAQUINHO DE LANTEJOULAS OU QUALQUER COISA QUE TENHA UMA MARCA PESSOAL, CONTANTO QUE NÃO SEJA UM PONCHO DE LANTEJOULAS. PONCHO NEM PENSAR!

DESENHE OU DESCREVA AS JAQUETAS STATEMENT QUE FAZEM PARTE DO SEU GUARDA-ROUPA OU QUE VOCÊ QUER COMPRAR.

3. VESTIDINHO PARA O DIA

Trata-se daquele vestido que você pode tirar do guarda-roupa e usar em ocasiões glamourosas ou para fazer compras, conhecer os pais do seu namorado, ou até para aquele momento em que você fica na frente da televisão se empanturrando de pipoca. Putz, aquela cobertura de manteiga estava ótima. Merda, agora fiquei com fome.

Aperte o cinto, baby

Colorir

46

4. CALÇA JEANS

ENCONTRAR O JEANS PERFEITO É COMO NAMORAR: VOCÊ DEVE CONTINUAR PROCURANDO ATÉ ENCONTRAR O PAR IDEAL. PODE-SE USAR JEANS COM UMA CAMISA DE ALFAIATARIA OU UMA JAQUETA STATEMENT (AINDA VOU CONVENCER VOCÊ A COMPRAR UMA PERFECTO) OU APENAS UMA CAMISETA OVERSIZED E SAPATOS DE SALTO ALTO. JÁ ENCONTROU O PAR PERFEITO?

> DESENHE OU COLE A FOTO DE TODAS AS CALÇAS JEANS NO SEU GUARDA-ROUPA

DESENHE COMO FICA O SEU LINDO TRASEIRO NO JEANS PERFEITO.

OH! HEY, BUMBUM!

CONHEÇA O SEU JEANS!

MAUREN, A VIZINHA LOUCA POR GATOS DO ANDAR DE BAIXO, USA CALÇA JEANS COBERTA DE PELOS, KETCHUP E RESTOS DE UNHAS. NÃO DEIXE QUE ISSO AFETE SUA VONTADE DE ADOTAR UM NOVO ESTILO! SEMPRE EXPERIMENTE! REPITA PARA SI MESMA QUANDO VOCÊ ENCONTRAR A NOVA CALÇA IDEAL. VAI ME AGRADECER.

SKINNY   SUPER SKINNY   ALIENÍGENA

USE DIFERENTES TONS DE AZUL PARA COLORIR ESSES JEANS.

50

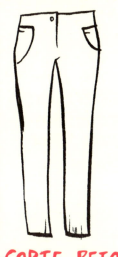
CORTE RETO

BOOT-CUT

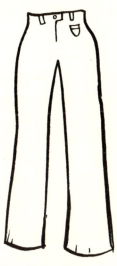
FLARE

BOYFRIEND

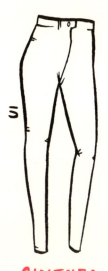
CINTURA ALTA

O JEANS DA MAUREN

5. SAIA CHARMOSA

EXISTEM SAIAS DE TODOS OS FORMATOS, TAMANHOS E COMPRIMENTOS. VOCÊ DEVE ESCOLHER DE ACORDO COM O FORMATO DO SEU CORPO. SAIAS LÁPIS SÃO PERFEITAS SE A SUA SILHUETA FOR DO TIPO AMPULHETA. JÁ AS SAIAS LONGAS DEIXAM O CORPO RETANGULAR MAIS CURVILÍNEO. QUANDO VOCÊ USAR, TENHA CUIDADO PARA NÃO SE METER NUMA SAIA JUSTA!

TIRE UMA FOTO DE SUAS PERNAS E DEPOIS DESENHE A SAIA PERFEITA SOBRE ELAS:

QUE PERNAS!

6. VESTIDINHO PRETO

O VESTIDINHO PRETO NUNCA ENVELHECE, IGUALZINHO A MADONNA. LEMBRE-SE: ESCOLHA UM ESTILO QUE NÃO SEJA MUITO MODISMO, PORQUE VOCÊ NÃO VAI QUERER FICAR NA MÃO QUANDO ESTIVER ULTRAPASSADO.

O LIZ ~~NA~~ HURLEY

JOANINHAS DE VERDADE TAMANHO GG

O AUDREY

54

DESENHE OU COLE A FOTO DO SEU VESTIDINHO PRETO NO HALL DA FAMA DO PRETINHO BÁSICO!

O ADELE

O VICTORIA BECKHAM

LENA DUNHAM
(13 DE MAIO DE 1986 — PRESENTE)

LENA DUNHAM É DIRETORA E ESTRELA DO SERIADO GIRLS. ELA TAMBÉM É ROTEIRISTA E PRODUTORA. LENA É CONHECIDA PELO HUMOR INTELIGENTE E PELO VISUAL OUSADO. ADORARIA CONVERSAR COM ELA UM DIA.

7. VESTIDO DE ALFAIATARIA

Não confunda esta peça com o vestidinho preto. O vestido de alfaiataria tem a ver com estrutura e sofisticação, com um toque de "mexa comigo e vou quebrar seu queixo". Victoria Beckham ama vestidos de alfaiataria e explico por quê: são ótimos para o trabalho, para qualquer evento ou ocasião, além de deixar seu bumbum lindo.

COLORIR

8. JAQUETA JEANS

A JAQUETA JEANS SERVE PARA PRATICAMENTE QUALQUER OCASIÃO. É UM ITEM DO GUARDA-ROUPA DE PRIMAVERA/VERÃO QUE VOCÊ PODE USAR PARA DAR UM PASSEIO, IR A UM ENCONTRO OU A UM FESTIVAL DE ROCK, FAZER UMAS COMPRINHAS OU VIAJAR PARA O CONGO.

DOBRE AS MANGAS

ERGA A GOLA PARA TER ATITUDE! ISSO AÍ, GAROTA!

FAÇA UMA LISTA DE LOOKS PARA COMBINAR COM SUA JAQUETA JEANS:

59

9. CAMISA LINDA

Esta não é uma camisa qualquer. É uma camisa elegantérrima! É feita de um tecido macio como seda, com uma estampa ousada ou uma cor vibrante. Pode usá-la com jeans durante o dia, ou com uma saia de alfaiataria para aquela entrevista de emprego e se tornar a próxima top model — imagine só, baby!

Dê um pouco de cor e crie uma linda estampa para essa camisa.

10. VESTIDO STATEMENT

Com esta peça, você vai viver o momento em que entra num bar e todos os olhos recaem sobre você. E você pensa: "Curvem-se, simples mortais, e admirem o meu vestido statement simplesmente fabuloso". Há muitas opções aqui: um ombro só, curto, longo, costas nuas e, é claro, com lantejoulas. É um vestido ousado, por isso precisa de algo brilhante.

Cubra o vestido de lantejoulas e tachinhas, por favor!

O que seu vestido statement diria?

11. TUDO-EM-UM

MACACÕES LONGOS E MACAQUINHOS VIERAM PARA FICAR. ACEITE! PRECISA DE UMA ALTERNATIVA PARA O VESTIDINHO PRETO OU PARA O VESTIDO STATEMENT? ENTÃO APELE PARA O TUDO-EM-UM! DESENHE SEU PRÓPRIO MACACÃO, CONSIDERANDO O FORMATO DO SEU CORPO E O SEU ESTILO. CRIE UMA ESTAMPA OUSADA E ESCREVA O TEMPO NECESSÁRIO PARA DESPILO QUANDO PRECISAR IR AO BANHEIRO...

GOLA →

COMPRIMENTO ↳

12. CARDIGÃ

Um bom cardigã sabe fazer uma garota feliz. Assim como a jaqueta jeans, combina com tudo e é perfeito para um visual casual-chique. Serve para disfarçar aquela gordurinha debaixo do braço ou um bronzeado desastroso.

Cardigãs estampados também são ótimos:

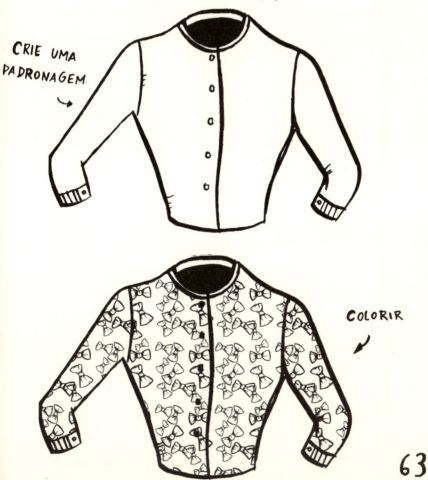

Crie uma padronagem.

Colorir

63

13. CALÇA SEXY

PARA AQUELES DIAS QUE O JEANS NÃO CAI BEM, USAR UMA CALÇA DE ALFAIATARIA VAI DAR UM UPGRADE AO SEU VISUAL. CONTUDO, VOCÊ PRECISA ESCOLHER O ESTILO CERTO PARA O SEU FORMATO DE CORPO E SEMPRE EXPERIMENTAR ANTES. SEI QUE CALÇAS DE SARJA, DE CORTE RETO, SÃO A OPÇÃO MAIS SEGURA. PINTE ESTA IMAGEM, RECORTE E LEVE PARA A LOJA DE ROUPAS FEMININAS MAIS PRÓXIMA!

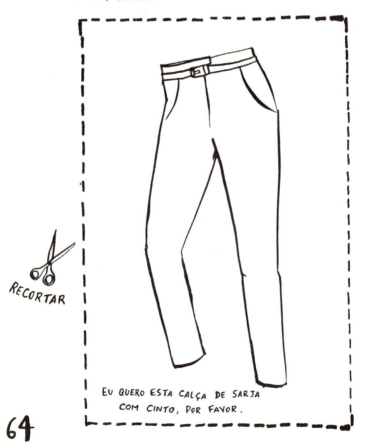

RECORTAR

EU QUERO ESTA CALÇA DE SARJA COM CINTO, POR FAVOR.

AQUI ESTÃO
OS ESTILOS:

FLARE

COM PREGAS

CAPRI

JUSTINHA

OUTROS ESTILOS
DE CALÇAS SEXY
QUE EU CONHEÇO

14. VESTIDO LONGO

VESTIDOS LONGOS PODEM SER CHIQUES OU CASUAIS, SÃO FÁCEIS DE COMPOR UM VISUAL EM AMBAS AS SITUAÇÕES. OUTRA VANTAGEM É QUE VOCÊ NÃO PRECISA DEPILAR AS PERNAS...

ACRESCENTE CORES E ESTAMPAS PARA DAR UM UP NOS VESTIDOS ACIMA!

15. REGATA

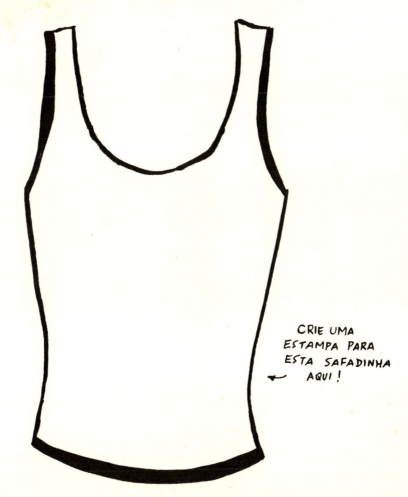

CRIE UMA ESTAMPA PARA ESTA SAFADINHA AQUI!

PERFEITA PARA USAR SOB UMA JAQUETA STATEMENT OU COMBINADA COM UMA CALÇA ESTAMPADA, VOCÊ PODE USAR REGATA DE ALGODÃO PARA COMPOR UM LOOK CASUAL OU UMA REGATA DE SEDA PARA DAR UM TOQUE DE SOFISTICAÇÃO AO SEU VISUAL. SUGESTÃO: COMPRE DUAS PEÇAS.

16. CAMISA BRANCA

Você disse 'uma simples camisa branca'? Exato! Uma camisa com uma gola poderosa e um lindo corte. Esta camisa pode ser usada por cima, por baixo, dentro da calça, com qualquer combinação.

DESENHE O SUÉTER FOFINHO QUE VOCÊ USA SOBRE A CAMISA.

QUE TAL SOB UM VESTIDO? POR QUE NÃO USAR POR CIMA DO VESTIDO?!

FAÇA UMA LISTA DE TUDO QUE COMBINA COM SUA CAMISA BRANCA:

-
-
-
-
- COM UMA SAIA PLISSADA E CHIQUINHAS. OLÁ, BRITNEY!

FAZ APENAS 5 MINUTOS QUE VOCÊ ESTÁ COM A CAMISA. MOSTRE COMO FICOU AQUELA MANCHA DE CAFÉ.

CUIDADO! ♪

DESENHE OU COLE A FOTO DE TODAS AS PEÇAS MAIS ANTIGAS DO SEU ARMÁRIO:

UI! EU FALEI PARA VOCÊ QUEIMAR
AQUELA LEGGING VERDE!
VOCÊ GOSTA MESMO DELA? ENTÃO
SE JUNTE AOS X-MEN.

FAÇA DUAS LISTAS: DE UM LADO COLOQUE TODAS AS ROUPAS QUE VOCÊ QUER COMPRAR, DE OUTRO, TODAS AS ROUPAS DE QUE VOCÊ REALMENTE PRECISA. ENCARE OS FATOS: FALTA AINDA UM MÊS PARA VOCÊ RECEBER O SALÁRIO E VOCÊ REALMENTE PRECISA DE CALCINHAS MODELADORAS NOVAS.

QUERO

- UMA SAIA LÁPIS QUE ME DEIXE COM O BUMBUM IGUAL AO DA KIM KARDASHIAN.

PRECISO

- ROUPA DE BAIXO COM FATOR DE COMPRESSÃO.

- NOVAS PEÇAS DE LINGERIE SEXY.

- SAIR DA CASA DA MINHA MÃE

↰ HEY, CONCENTRE-SE NO ASSUNTO "MODA"!

ESCREVA SEU PRÓPRIO MANTRA FASHION INSPIRADOR NESTE PERGAMINHO:

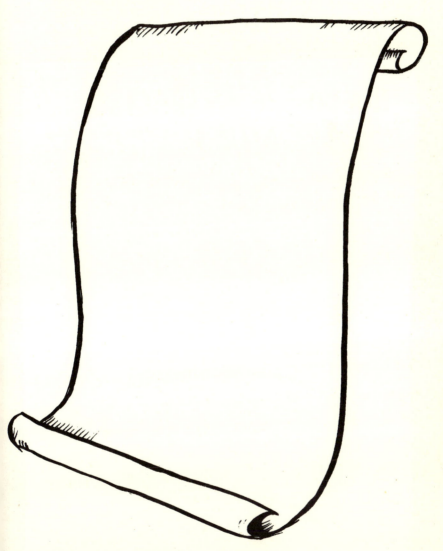

ENTENDO VOCÊ, AMIGA!

EM UMA ÚNICA PALAVRA, **QUEM** VOCÊ **VAI** SER HOJE ?

COMO COMPRAR EM BRECHÓ

NÃO FAÇA ESSA CARA. BRECHÓS E OUTRAS LOJAS DE ROUPAS USADAS SÃO UMA MINA DE OURO. ACREDITE: DEPOIS QUE VOCÊ ENCONTRAR AQUELA LINDA JAQUETA DE LANTEJOULAS QUE CUSTA MENOS QUE UMA PASSAGEM DE ÔNIBUS URBANO, VOCÊ NUNCA MAIS VAI DEIXAR DE DAR UMA PASSADINHA NUMA LOJA DESSAS.

1 SEMPRE TENHA UMA LISTA. ESCREVA AQUI:

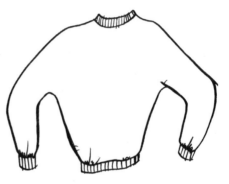

2 VENDA OU DOE SUAS ROUPAS VELHAS. POR QUE NÃO? SE VOCÊ NÃO VAI USAR, TEM QUE PASSAR ADIANTE! HORA DE COLORIR AQUELE SUÉTER QUE VOCÊ VAI PASSAR ADIANTE.

3 SEMPRE PROVE A ROUPA E COLOQUE PARA LAVAR ASSIM QUE CHEGAR EM CASA. AGORA FAÇA UMA LISTA DE TODOS OS BRECHÓS E LOJAS DE ROUPAS USADAS QUE VOCÊ VAI VISITAR HOJE:

A MODA DESAPARECE

O ESTILO é ETERNO

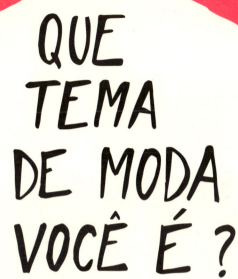

ESTAMPA ANIMAL PRINT

Quando você combina do jeito certo, a estampa animal print pode preencher vários quesitos fashion. Se fizer algo errado, corre o risco de parecer um tigre chapado de LSD. Com licença, Tarzan, porque a rainha da selva chegou! Pronta pra rosnar?

Dê um up no seu velho jeans com este clássico suéter estampado.

Faça uma lista de todas as suas peças de roupa com estampa animal print

ESTAMPAS FLORAIS

TECIDOS FLORAIS ESTÃO NA MODA O ANO TODO. SEJA EM TONS PASTEL DURANTE O VERÃO OU CORES MAIS ESCURAS NO INVERNO, É IMPOSSÍVEL ERRAR:

VESTIDO LADY LIKE

DESENHE O TOP PERFEITO PARA COMBINAR COM A SAIA:

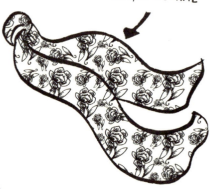

LENÇO FLORAL

RAINHA DO ROCK

Mesmo que não seja diretamente influenciado pelo rock, esse look alternativo tem a ver com se conectar à sua Courtney Love interior com toques de couro, franjas, brilhos e ousadia. Cabelos longos, pernas sedutoras e maquiagem de arrasar. Este é o visual perfeito para os festivais de rock durante o verão. No inverno, abuse de saias e calças de couro. Yeah, baby!

Crie um make para os olhos de arrasar.

Desenhe algumas tachinhas nos ombros deste cropped-top oversized. Ficou super na moda.

Use duas cores para criar mechas.

LADY LIKE

É NADA MAIS QUE A ALFAIATARIA CLÁSSICA COM UM TOQUE CONTEMPORÂNEO. PENSE EM ALGO COMO BETTY DRAPER + MICHELLE OBAMA COM SAIAS RODADAS, CAMISAS PLISSADAS, TONS PASTEL E TRENCH-COATS. É IDEAL PARA SAIR DO ESCRITÓRIO DIRETAMENTE PARA O HAPPY-HOUR E DEPOIS PARA UMA FESTA... E DEPOIS PARA OUTRA FESTA...

TRENCH-COAT PARA TODAS AS ESTAÇÕES

CRIE UMA BLUSA QUE COMBINE COM O SHORTINHO ABAIXO:

SHORTINHO DE ALFAIATARIA EM TOM PASTEL. ESCOLHA UMA COR:

GEEK CHIC

Hoje em dia você pode ir longe com um lindo par de óculos. O estilo geek chic é simples, nada presunçoso, mas é uma tendência indiscutível. O visual pode ser composto por um shorts ou saia jeans, vestidos para o dia, tricô e, é claro, uma camiseta com estampa da saga Star Wars. Você é exatamente o meu tipo de garota.

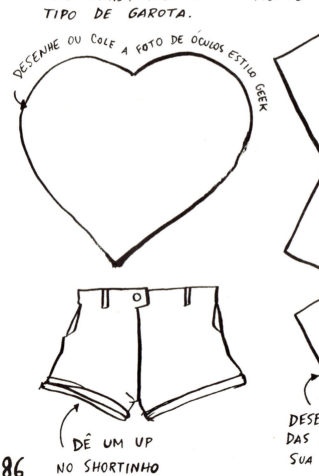

Desenhe ou cole a foto de óculos estilo geek

Dê um up no shortinho

Desenhe as capas das HQs de sua coleção

RENDA SEXY

QUALQUER VISUAL FICA MAIS SOFISTICADO NUM INSTANTE APENAS COM UM TOQUE DE RENDA. EM TONS PASTEL, SEMPRE É TENDÊNCIA NAS TEMPORADAS PRIMAVERA/VERÃO. NO INVERNO, É A VEZ DOS TONS DE MARINHO, NUDE E PRETO. CONTUDO, TENHA CUIDADO QUANDO USAR RENDA: UM PEDACINHO MAL POSICIONADO NAQUELA CAMISA OVERSIZED E O QUE SE VERÁ É UM MAMILO INDISCRETO PRONTO PARA APARECER DEMAIS.

CONTINUE O PADRÃO →

DESENHE O BURACO NA RENDA DEPOIS QUE VOCÊ TROPEÇOU DENTRO DO ÔNIBUS NAQUELA NOITE:

OLÁ, CAMISA DE RENDA OVERSIZED! QUE CORES COMBINARIAM?

QUE FASHIONISTA VOCÊ CONHECE?

ASSINALE QUAL FASHIONISTA VOCÊ CONHECE OU QUE JÁ DERRUBOU DENTRO DA LOJA NUMA CORRERIA DE LIQUIDAÇÃO EM BUSCA DAQUELE PAR DE LOUBOUTINS.

A FIEL AO ESTILO

EU ACREDITO NO ESTILO CLÁSSICO. GUARDO AS ROUPAS POR ANOS E AS USO VÁRIAS VEZES, E DE NOVO, E NOVAMENTE, E MAIS UMA VEZ. ADORO PRETO E GOLA ALTA.

A COMBINADORA

NÃO GOSTO DE VESTIR NADA FASHION DEMAIS. MINHA MAIOR LOUCURA DE MODA É VESTIR CALÇAS E CAMISETA ROSA PINK. NOSSA! ISSO JÁ ME DEIXOU TOTALMENTE PIRADA. GOSTO DE COMBINAR E PERAMBULAR PELAS LOJAS ENCARANDO AS PESSOAS.

A PSICOPATA FASHION

EU ESCOLHO TRÊS TENDÊNCIAS E USO AS TRÊS AO MESMO TEMPO! MEUS AMIGOS DIZEM QUE EU SOU "DESCOLADA". NOSSA, AQUELA É A NOVA FAIXA PARA CABELO EM TOM FLORAL QUE EU POSSO COMBINAR COM A CALÇA SARUEL DE ESTAMPA DE ONCINHA E SAPATOS DE BOLINHA?

A QUERIDINHA

OH SMACK, SMACK (INSIRA AQUI BEIJINHOS SOPRADOS AO LONGE), QUERIDINHA, NÃO ACHOU LINDO MEU NOVO VALENTINO? SEI, QUERIDINHA, É SÓ UMA COISINHA QUE PEGUEI NO CLOSET (BOCEJO). TENHO QUE IR FOFA, E COLOCAR A CONVERSA EM DIA SMACK, SMACK ADORO VOCÊ, QUERIDA, BEIJOS, BEIJOS.

A COMPRADORA COMPULSIVA ☐

VOU A UMA FESTA NA PRÓXIMA TERÇA E COMPREI 10 VESTIDOS PELA INTERNET E MAIS 20 NO SHOPPING MAS AINDA NÃO TENHO NADA PRA USAR! NO FIM DAS CONTAS, VOU COM AQUELE VESTIDO VELHO QUE COMPREI SEMANA PASSADA.

A VINTAGE ☐

EXISTE QUEM CURTE VINTAGE, E EXISTE GENTE COMO EU, VINTAGE RADICAL. VOU AMAR SE TIVER OMBREIRAS, FRANJAS, VELUDO, BOCA DE SINO E ME FIZER PARECER RECÉM-SAÍDA DO CLIPE YELLOW SUBMARINE!

A RAINHA DA PECHINCHA ☐

ERA 90 E AGORA CUSTA 50, ENTÃO ADIVINHA POR QUANTO EU COMPREI? VAI, ADIVINHA! ADIVINHA!!! SIM, PAGUEI APENAS 10. ÓTIMO, NÃO ACHA? AGORA, SE EU VOU USAR ISSO É OUTRA HISTÓRIA.

A LANÇADORA DE TENDÊNCIAS ☐

TIPO ASSIM, SABE, EU USO ALGUMA COISA E AÍ POSTO NO INSTAGRAM, E ENTÃO TODO MUNDO COMEÇA A COMENTAR "UAU, FICOU ÓTIMO", EU PENSO "EU SEI". ÀS VEZES ACHO QUE ESTOU MUITO À FRENTE DAS TENDÊNCIAS. MINHA FANPAGE DO FACEBOOK TEM APENAS FOTOS MINHAS E AO FUNDO UMA PAREDE DE TIJOLOS EM QUE EU APAREÇO MUITO FASHION. EU SOU ASSIM, TIPO, IMPORTANTE.

DESENHE OU COLE A FOTO DA GAROTA

OPÇÃO DE ESTILO

Vai a uma entrevista de emprego na próxima segunda? Sem problemas, já sei o que fazer...

A GAROTA DA CAPA

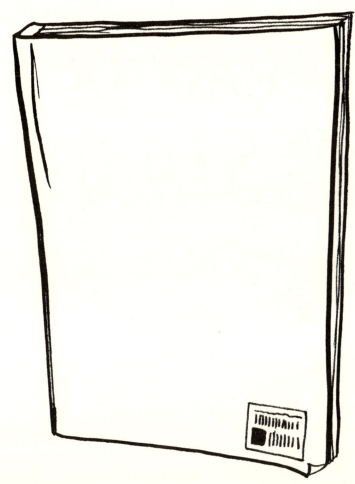

AGORA VOCÊ É A MODELO DA CAPA DA REVISTA FAVORITA DA SUA MÃE! PRÓXIMA PARADA: VOGUE. COLOQUE UMA FOTO SUA TODA DIVA NA CAPA.

SIMPLESMENTE DESCOLADA

LEMBRA AQUELA CAMISA QUE SEU EX-NAMORADO ESQUECEU NA SUA CASA HÁ MUITO TEMPO E QUE VOCÊ VEM USANDO COMO PANO DE CHÃO? BEM, VAMOS TRANSFORMÁ-LA NUM CORINGA EM SEU GUARDA-ROUPA.

COLOQUE UM CINTO

ACHA QUE NÃO CONSEGUE COMPOR UM LOOK COM ESSA CAMISA OVERSIZED? QUE TAL USAR UM CINTO PARA AJUSTÁ-LA? COMBINE COM UM JEANS SKINNY E PRONTO: VOCÊ VAI ARRASAR!

ABOTOE

ASSUMA O SEU LADO PREPPY E ABOTOE A CAMISA ATÉ O ÚLTIMO BOTÃO. SIM, ATÉ O ÚLTIMO! JOGUE UM COLAR OUSADO POR CIMA PARA GANHAR PONTOS EXTRAS DE ESTILO.

ABRA

USE A CAMISA DESBOTADA SOBRE UM VESTIDINHO OU COMPONHA UM LOOK COM UM COLETE E JEANS. ACRESCENTE UM PAR DE ÓCULOS GEEK E SAIA POR AÍ TOTALMENTE HIPSTER.

RASGUE

QUEM PRECISA DE MANGAS? TIRE AS MANGAS E VISTA A CAMISA ABERTA SOBRE UM TOP OU COM UM NÓ NA CINTURA SE ESTIVER SE SENTINDO OUSADA. SAIA POR AÍ ESBANJANDO REBELDIA.

FAÇA UMA LISTA DE TODAS AS OUTRAS COISAS QUE PODERIA FAZER COM ESSA CAMISA

COLORIR

AGORA MARQUE A FOTO NO INSTAGRAM COM A HASHTAG #DESVENDEMEUESTILO

O BRECHÓ CHIQUE

VOCÊ ACORDOU CEDINHO PARA IR AO BRECHÓ. PENSE EM TODAS AS PECHINCHAS QUE VOCÊ PODE ENCONTRAR LÁ! ALÉM DISSO, HÁ BALINHAS GRÁTIS. VÁ LOGO! NESTAS PÁGINAS, MONTE SEU VISUAL E ORGANIZE O SEU DIA:

CRIE UMA ESTAMPA PARA ESTA REGATA:

SACOLA BEM GRANDE PARA TODAS AQUELAS PECHINCHAS. DESENHE AQUI SUA TOTE-BAG:

E AGORA DESENHE AQUI SEU PENTEADO

QUERO UM MAKE QUE PASSE UM REALISMO ARDENTE:

ESCOLHA UMA COR PARA ESTA JAQUETA DESBOTADA:

DESENHE OU COLOQUE UMA FOTO DO DONO DO BRECHÓ:

FAÇA UMA LISTA DE TUDO QUE VOCÊ COMPROU:

LOOK CHICASUAL

É SIMPLES. PARA UM LOOK AO MESMO TEMPO CHIQUE E CASUAL, BASTA APENAS USAR UMA ROUPA DO DIA A DIA E DAR UM TOQUE DE SOFISTICAÇÃO COM UMA PEÇA-CHAVE NO SEU GUARDA-ROUPA. SAPATOS, JAQUETAS E JOIAS SÃO UPGRADES CHICASUAIS INSTANTÂNEOS.

FAÇA UMA LISTA DOS LUGARES PARA EXIBIR UM LOOK CHICASUAL:

- EXPOSIÇÕES
- ENCONTROS
- RESTAURANTE DELIVERY
-
-
-
-
-

SAPATOS OU BOTAS?

VOCÊ VAI PRECISAR DE UMA JAQUETA STATEMENT PARA COMPOR O VISUAL. DESENHE O RESTANTE DA ROUPA (E VOCÊ).

OS HIPSTERS NA CAFETERIA GOURMET ESTÃO TE VENDO PELA JANELA. COLOQUE UMA FOTO SUA CAMINHANDO NA RUA, PASSANDO PELO CAFÉ EM SEU LOOK CHICASUAL SEM DAR A MÍNIMA PARA ELES:

O CASAMENTO DA SUA MELHOR AMIGA

SUA MELHOR AMIGA VAI CASAR! VOCÊ NÃO VAI SER MADRINHA, ENTÃO PRECISA DAR UM JEITO DE CHAMAR A ATENÇÃO DAQUELE PADRINHO DO NOIVO POR QUEM VOCÊ É APAIXONADA... BEM, NA VERDADE VOCÊ ESTÁ OBCECADA POR ELE. MONTE O SEU MODELITO NESSAS PÁGINAS!

DESENHE OU COLE UMA FOTO DO SEU VESTIDO:

NOIVA...CHEGA PRA LÁ!

QUAIS CORES VOCÊ VAI USAR NA MAQUIAGEM?

DESENHE OU COLE A FOTO DOS BRINCOS:

PRÓS E CONTRAS DE USAR UM FASCINATOR:

PRÓS CONTRAS

- POSSO ESCONDER COMIDA E FIOS DE CABELO REBELDES DEBAIXO DELE.

DESENHE SUA CARA QUANDO A MAUREN, A VIZINHA LOUCA, PEGOU O BUQUÊ DA NOIVA E VOCÊ NÃO.

DESENHE OU COLOQUE A FOTO DO PENTEADO ESCOLHIDO PARA O GRANDE DIA:

A ENTREVISTA DE EMPREGO

VOCÊ TEM UMA IMPORTANTE ENTREVISTA DE EMPREGO MARCADA PARA HOJE. NÃO SABE EXATAMENTE QUE TIPO DE TRABALHO É, MAS O SALÁRIO É BOM E VOCÊ VAI TER CHANCE DE USAR SAIA LÁPIS. RESPIRE FUNDO E ARRASE!

DESENHE SEU CABELO PRESO DE UM JEITO BEM CLASSUDO:

DESENHE O RESTO DO SEU LOOK PARA COMBINAR COM A SAIA LÁPIS:

FAÇA UMA LISTA DE TRÊS OBJETIVOS PARA SUA CARREIRA:

1.

2.

3. SER DONA DE UM ZOOLÓGICO DE UNICÓRNIOS.

DESENHE A TENSÃO SEXUAL ENTRE VOCÊ E O ENTREVISTADOR:

UAU! QUENTE DEMAIS!

JAMAIS USE AQUELE SAPATO CARETA QUE SUA MÃE COMPROU. DESTRUA!

COMO FICOU SEU BUMBUM NESTE TRAJE?

/10

O PRIMEIRO ENCONTRO

É NOITE DE SEXTA E VOCÊ TEM UM ENCONTRO. MOMENTO PERFEITO PARA EXIBIR SEU NOVO ESTILO! AGORA, SE VOCÊ QUISER MESMO CAUSAR UMA ÓTIMA IMPRESSÃO, O MELHOR A FAZER É ADOTAR A TÉCNICA DA R.S.L. (REVELAÇÃO DO SEGUNDO LOOK). BASTA USAR UMA JAQUETA STATEMENT DO JEITO CERTO E, QUANDO VOCÊ ESTIVER SE SENTANDO À MESA, VOILÀ: TIRE A JAQUETA E REVELE O LOOK ARRASADOR QUE ESTAVA POR BAIXO!

LOOK COM A JAQUETA STATEMENT MARAVILHOSA (PODE SER UM CASACO, BLAZER OU JAQUETA DE COURO)

... DEPOIS TIRE PARA REVELAR O VISUAL ARRASADOR!

COMO FICOU SEU
CABELO PARA ESTA
NOITE:

FAÇA UMA LISTA CERTO ou
ERRADO PARA O PRIMEIRO
ENCONTRO...

CERTO

-SEJA MESTRE
NA ARTE DE
SEDUZIR.

ERRADO

-NUNCA COMA
ESPAGUETE EM
PÚBLICO, JAMAIS!
ATÉ O GARÇOM
FICOU
TRAUMATIZADO.

DESENHE OU COLE A
FOTO DO SEU PAR:

QUAIS FORAM OS
COMENTÁRIOS SOBRE
SEU LOOK?

PREENCHA AS LACUNAS COM O NÚMERO DE ACESSÓRIOS QUE VOCÊ TEM, SEGUIDOS DE QUANTOS VOCÊ REALMENTE USA. VAMOS LÁ, SEJA SINCERA.

SAPATOS 
TEM ☐
USA ☐

CHAPÉUS 
TEM ☐
USA ☐

CINTOS 
TEM ☐
USA ☐

LENÇOS 
TEM ☐
USA ☐

BOLSAS 
TEM ☐
USA ☐

SAPATOS DE STRIPPER 
TEM ☐
USA ☐

VAMOS DAR UMA ORGANIZADA NISSO TUDO. DESENHE OU COLE A FOTO DOS SEUS PARES DE SAPATO:

OPS! VOCÊ ESQUECEU
AQUELE SAPATO QUE COMPROU
DURANTE O HORÁRIO DE ALMOÇO
NA SEMANA PASSADA.

DICAS PARA USAR CHAPÉUS

VOCÊ ACHA QUE USAR CHAPÉU NÃO TEM NADA A VER COM VOCÊ? PENSE MELHOR. SEM SE OLHAR NO ESPELHO (SEI QUE É DIFÍCIL JÁ QUE VOCÊ É TÃO LINDONA), COLOQUE UM CHAPÉU SOBRE A CABEÇA E O AJUSTE COMO IMAGINA QUE DEVE FICAR. DEPOIS OLHE NO ESPELHO E VOILÀ. VOCÊ ESTÁ PRONTINHA, BABY. CONFIE EM MIM, ESSA TÉCNICA SEMPRE FUNCIONA.

DECORE O CHAPÉU CHIQUÉRRIMO DA LADY MARY:

ACRESCENTE CORES E ESTAMPAS A ESSES CHAPÉUS SEXY:

BOINA

O ANNIE HALL

O FLAPPER

ABAS LARGAS

A RAINHA DIABÓLICA

FAÇA UMA LISTA DOS SEUS TRÊS MELHORES CHAPÉUS:

1.

2.

3.

LUPITA NYONG'O

(1º DE MARÇO DE 1983 – PRESENTE)

LUPITA É DIRETORA DE CINEMA E DE VIDEOCLIPES, ROTEIRISTA E ATRIZ, GANHADORA DE UM OSCAR. FOI A PRIMEIRA ATRIZ QUENIANA A GANHAR O PRÊMIO DA ACADEMIA E A SEXTA ATRIZ NEGRA A LEVAR O TROFÉU PARA CASA. SEMPRE ARRASA NO TAPETE VERMELHO, OUSA NAS CORES E ADOTA NOVOS ESTILOS. ELA TAMBÉM É DEMAIS.

DÊ A UMA GAROTA A MEIA-CALÇA PERFEITA E ELA VAI DOMINAR O MUNDO. NESTAS PÁGINAS, DESENHE ALGUMAS ESTAMPAS E PADRONAGENS PARA OS DIFERENTES FORMATOS DE CORPO. EU QUERO VER OUSADIA E EXTRAVAGÂNCIA, ALGO QUE DEIXE O ESQUADRÃO DA MODA DE QUEIXO CAÍDO!

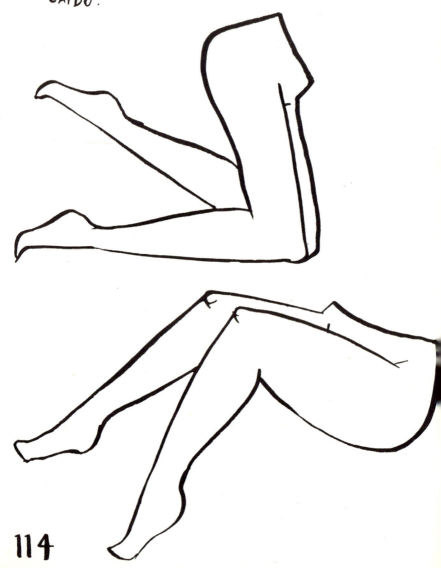

MOMENTO GEEK

DESENHE O SEU ROSTO COM ESTES ÓCULOS GEEK.
DEIXE-ME VER SEU MELHOR CARÃO HIPSTER.

DESENHE A BOLSA DOS SEUS SONHOS

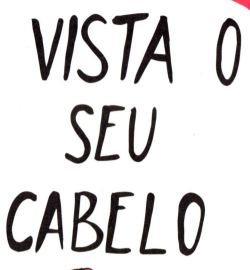

DESENHE OU COLE UMA FOTO DO SEU ROSTO SOB TODOS ESSES PENTEADOS:

BOB

A APRESENTADORA DE TALK SHOW

A NOIVA DE CHUCK NORRIS

BLACK POWER

COLORIR:

COMO FAZER UM COQUE ALTO

Não quer se incomodar com fios rebeldes hoje? Então vamos fazer um coque alto, baby!

1 Penteie o cabelo para trás e faça um rabo de cavalo. Você pode usar os dedos se for preguiçosa.

2 Enrole a ponta até a nuca e faça um nó. Tenha um elástico para cabelo bem à mão...

Pinte o elástico da cor que preferir

3 SEGURE O NÓ, ENTÃO PUXE O RESTO DO CABELO SOBRE ELE. AMARRE COM O ELÁSTICO QUE VOCÊ COLORIU.

DESENHE SEU COQUE AQUI:

4 SPRAY FIXADOR É MINHA SEGUNDA COISA PREFERIDA DO UNIVERSO. DEPOIS DE DINOSSAUROS, É CLARO. COLOQUE UM POUCO DE SPRAY PARA SEGURAR O SEU COQUE E PRONTO: VOCÊ CONSEGUIU FAZER UM PENTEADO TOTALMENTE FASHION.

EXPERIMENTE PARA VER COMO SEU ROSTO FICARIA COM ESSES COQUES ALTOS:

O PENTEADO PARA O SEGUNDO ENCONTRO

VOCÊ TEM UM JANTAR IMPORTANTE COM RICARDO, AQUELE QUE TEM UM CABELO LINDO. VOCÊ PRECISA ESTAR À ALTURA, JÁ QUE O CABELO DELE TEM MAIS BRILHO E BALANÇO QUE O SEU. COMO VOCÊ VAI FICAR SENTADA POR HORAS, CAPRICHE NO PENTEADO!

DESENHE OU FAÇA UMA LISTA DE TODOS OS ACESSÓRIOS PARA O CABELO QUE VOCÊ USOU NESTA NOITE:

COLOQUE UM POUCO DE COR NESTES LÁBIOS LASCIVOS

ANOTE TRÊS COISAS MARAVILHOSAS SOBRE O SEU CABELO

1.

2.

3.

124

DESENHE O QUE RICARDO ACHOU DO SEU CABELO NO JANTAR DESTA NOITE.

CABELOMANIA

UMA SACUDIDA DE CABELO MATADORA PODE AJUDAR VOCÊ EM VÁRIAS OCASIÕES SOCIAIS. NÃO ESTÁ NA LISTA DE CONVIDADOS PARA A INAUGURAÇÃO DAQUELE NOVO CLUBE? LANCE MÃO DA TÉCNICA DE COLOCAR O CABELO PARA O LADO E VOCÊ ESTARÁ LÁ DENTRO. VÁ EM FRENTE, BUSQUE A DIVA DENTRO DE VOCÊ E SOLTE O CABELO. DESENHE A CABELEIRA DESSAS MODELOS!

1. CABELO DE LADO

ESCOLHA UM OMBRO, COLOQUE SEU CABELO SOBRE ELE E JOGUE TUDO PARA O OUTRO LADO, SOBRE O OUTRO OMBRO. PERFEITO PARA AQUELES MOMENTOS "QUE MERDA É ESSA!"

2. A DUPLA JOGADA PARA TRÁS

ALGUÉM ESTÁ TIRANDO VOCÊ DO SÉRIO HOJE? ENTÃO SEPARE O CABELO SOBRE AMBOS OS OMBROS, JOGUE UM LADO PARA TRÁS E DEPOIS O OUTRO. TERMINE O GESTO DANDO DE OMBROS E ARQUEANDO AS SOBRANCELHAS.

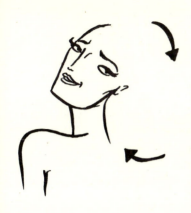

3. CÂMERA LENTA

VOCÊ ESTÁ NUMA LIVRARIA E VÊ DE LONGE AQUELE CARA QUE VOCÊ SEMPRE ENCARA NO MERCADO. VIRE-SE, MEXA LENTAMENTE NO CABELO E SORRIA COM DOÇURA. TALVEZ DÊ UMA RISADINHA. SEUS OLHOS SE ENCONTRAM, ELE SE VIRA E... ESTÁ CAMINHANDO EM SUA DIREÇÃO. E AGORA?

4. A PASSADA DE DEDOS SEDUTORA

ISTO É TÉCNICA MÁSTER PARA MEXER NO CABELO. SE CONSEGUIR FAZER DIREITO, PODE ALCANÇAR QUALQUER OBJETIVO. PARA SE ACOSTUMAR, QUANDO TENTAR SEDUZIR ALGUÉM OU QUANDO ESTIVER COM MUITA RAIVA, COLOQUE AMBAS AS MÃOS SOBRE A MESA, A CABEÇA BAIXA E PASSE OS DEDOS PELO CABELO PUXANDO TUDO PARA CIMA! FAÇA UM CARÃO COM O QUEIXO ERGUIDO E QUALQUER ATRIZ PORNÔ MORRERIA DE INVEJA!

FIQUE LOUCA! DESENHE O CABELO MAIS SEDUTOR DE TODOS OS TEMPOS.

LEMBRE-SE

CABELÃO NÃO DEIXA VOCÊ

NA MÃO

QUANDO TIVER DÚVIDA SOBRE COMO AGIR EM DETERMINADA SITUAÇÃO, SEMPRE BUSQUE INCORPORAR SUA DIVA INTERIOR! A MINHA SE PARECE COM LADY GAGA. QUEM É A SUA?

MINHA DIVA INTERIOR

DANÇARINOS AO FUNDO

COMO OLHAR DE SOSLAIO

UMA COLEGA DE TRABALHO DISSE QUE ADOROU SEU NOVO VISUAL E QUE VOCÊ FICOU "ATRAENTE". DE QUALQUER MODO, LEONORA, QUE SENTA BEM A SUA FRENTE, DISCORDA DO COMENTÁRIO LANÇANDO UM OLHAR DE DESAPROVAÇÃO. COLOQUE O ROSTO DE LEONORA PERTO DO SEU, ERGA UMA SOBRANCELHA E OLHE DE SOSLAIO PARA ELA DURANTE O RESTO DA SEMANA!

UTZ, ELA TEM UM CABELO LINDO. QUE TAL UM POUCO DE COR?

LEONORA VAN THUNDER PUMP

AMIGAS

VOCÊ E SUAS AMIGAS DERAM UM UP NO VISUAL E FICARAM ÓTIMAS! COLE UMA FOTO NA PÁGINA SEGUINTE, RECORTE E COLOQUE NUM PORTA--RETRATOS! E, SIM AQUELES BICHINHOS SÃO UNIGATOS... GATOS QUE TAMBÉM SÃO UNICÓRNIOS.

AGORA MARQUE A FOTO NO INSTAGRAM COM A HASHTAG #DESVENDEMEUESTILO!

A TENDÊNCIA PERFEITA

AGORA QUE VOCÊ EMBARCOU NESTA AVENTURA DE MODA COMIGO, QUERO QUE SEU NOVO EU PREENCHA ESTA PÁGINA COM O QUE VOCÊ APRENDEU:

DESENHE COMO VOCÊ SE SENTE QUANDO OLHA PARA O SEU NOVO EU NO ESPELHO.

QUAIS SÃO OS CORINGAS DO SEU GUARDA-ROUPA?

QUANTO DEU A ÚLTIMA FATURA DO SEU CARTÃO DE CRÉDITO?

(NÃO TENHO CULPA)

FAÇA UMA LISTA DO QUE INSPIRA SEU ESTILO :

NÃO. ME. ESQUEÇA!

USE CORES E FORMAS PARA SIMBOLIZAR A SENSAÇÃO DE "ESTOU FELIZ POR SER QUEM EU SOU E ME SINTO MARAVILHOSA":

ONDE VOCÊ SE VÊ DAQUI A CINCO ANOS? MOSTRE PRA MIM :

MARILYN MONROE
(1º DE JUNHO DE 1926 - 5 DE AGOSTO DE 1962)

NORMA JEAN MORTENSON FOI A MAIOR SEX SYMBOL DOS ANOS 1950 E INÍCIO DOS ANOS 1960. FOI ATRIZ, CANTORA E MODELO. SEU CORPO EM FORMATO DE AMPULHETA E SUA HABILIDADE DE PARECER INCRIVELMENTE SEXY SOBRE A VENTILAÇÃO DE AR DO METRÔ ERAM ASSUNTO EM HOLLYWOOD.

SEJA QUEM VOCÊ QUISER SER...
IGUALZINHA A PENNY, A SEREIA HIPSTER-
-VINTAGE. QUE TAL COLORIR A IMAGEM E
ACRESCENTAR ALGUNS AMIGUINHOS
AQUÁTICOS PARA CONVERSAREM SOBRE
CONCHAS E OUTRAS COISAS;

COLE OU DESENHE A PESSOA QUE SEMPRE TE INSPIROU. VÁ EM FRENTE, FIQUE TÃO SENTIMENTAL QUANTO QUISER...

AGORA TIRE UMA FOTO E MARQUE NO INSTAGRAM COM A HASHTAG #DESVENDEMEUESTILO

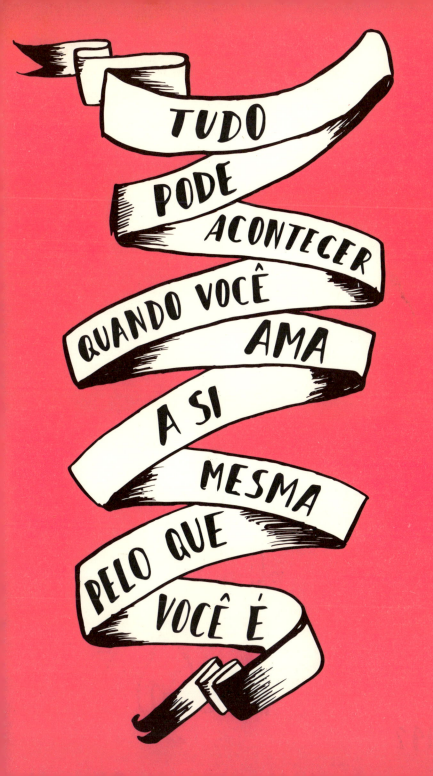

ESCREVA A COISA MAIS IMPORTANTE QUE VOCÊ APRENDEU COM ESTE LIVRO. AGORA!

FIM

OBRIGADO

OBRIGADO A TODOS OS AMIGOS DA HUCK & PUCKER, A MEUS CAMARADAS EM BRIGHTON, LONDRES, MANCHESTER E NÁRNIA (VOCÊS SABEM QUEM SÃO) POR SEMPRE ESTAREM PRESENTES. FINALMENTE, AGRADEÇO À MINHA MÃE, MEU PAI E MINHA IRMÃ POR TOLERAREM MINHAS CAMISAS FEIAS, ATAQUES DE DIVA E CABELO ESTRANHO. PROMETO QUE UM DIA VOU COMPRAR UM ASPIRADOR DE PÓ PARA VOCÊS. SE NÃO DER PARA SER UM ASPIRADOR, PODE SER UM BULE DE CHÁ?

CONHEÇA TAMBÉM
DESVENDE MEU CORAÇÃO,
O OUTRO LIVRO DE DOM & INK.